Bis der Morgenstern aufgeht

Gertrud Widmann (Hrsg.)

Bis der Morgenstern aufgeht

Auf dem Weg durch den Advent

Mit Bildern von Sieger Köder

SCHWABENVERLAG

Inhalt

Einführung Dunkelheiten erfahren Menschen im Advent ganz besonders, wenn die Tage immer kürzer und die Nächte immer länger werden. Eine Zeit, in der auch die Schatten und Finsternisse im eigenen Leben mehr ins Bewusstsein kommen und sich Raum schaffen. »Bis der Morgenstern aufgeht« – die Sehnsucht nach Licht, nach Helligkeit und Geborgenheit verbindet Menschen aller Zeiten. Die Erzählungen aus dem Alten und Neuen Testament, die in diesen Wochen im biblischen Leseplan vorgesehen sind, geben durch die Jahrhunderte hindurch Zeugnis von diesem urmenschlichen Verlangen inmitten von Nöten und Sorgen, von Schmerzen und Leiden, von Unerlöstem und auf Befreiung Hoffendem.

Den eigenen Dunkelheiten zu trauen und behutsam auch mit kleinen Hoffnungslichtern umzugehen ist schwieriger geworden in einer Umwelt, die schon ab November »Weihnachten feiert«. Die Beiträge dieses Buches auf dem Weg durch den Advent laden ein, immer wieder innezuhalten, sich eine kleine Auszeit aus dem Trubel und der Hektik zu gönnen und bewusst diese Tage zu gestalten – sei es für sich allein oder mit anderen, in der Familie, im Freundeskreis oder in der Gemeinde. Sie geben kein festes Programm vor, sondern stimmen in vielfältiger Weise ein auf die Feier der Menschwerdung Gottes, dieses großen Geheimnisses, das immer wieder nur wie in Bildern erahnt werden kann. Von der Ankündigung des Sterns aus Jakob, wie sie im Buch Numeri aufgeschrieben ist, über die Verheißungen des Propheten Jesaja bis zu ihrer Erfüllung durch die Geburt Jesu bringt Sieger Köder in der ihm eigenen Farbkraft die biblischen Motive ins Bild. Die Texte verschiedener Autorinnen und Autoren erschließen und deuten Bild und biblische Botschaft und knüpfen an den Erfahrungen der Leserinnen und Leser an. Mit einer Meditation oder einem Gebet schließt jeder Beitrag.

»Bis der Morgenstern aufgeht« – Bilder und Texte laden ein, sich dieser großen Verheißung zu öffnen, damit Licht werde, nicht zuletzt in unseren eigenen Herzen.

GERTRUD WIDMANN

Auf dem Weg
durch den Advent

Bis der Morgenstern aufgeht »Wie oft schon saß ich so da: das Buch der alten heiligen Schriften auf meinen Knien, den Gebetsschal über den Kopf gelegt. Um mich herum Stille und Schweigen. Ich besinne mich auf das, was mir von den Vätern und Müttern aus Gottes heiligem Volk gesagt wird, und sinne nach, was Gott selber mir sagen und sein will. Gott in meinem Leben, in meinem Dunkel und in meinen Schatten, im Dunkel der Welt und in den Schatten der Gegenwart. Wie oft habe ich mit den Alten gebetet: Meine Seele wartet auf den Herrn, mehr als die Wächter auf den Morgen soll der Glaubende harren auf den Herrn ... adventliches Warten, Seufzen und Harren, sehnsüchtiges Verlangen. Aber sie sind mir zu viel geworden, diese Vertröstungen, die mich nicht mehr trösten, die Verheißungen, die mir wie leere Versprechen vorkommen – denn ich spürte nichts mehr von jener Nähe meines Gottes, der der Gott Abrahams, Isaaks und Jakobs vielleicht, aber nicht mehr mein Gott war. Im Morgenrot sah ich nicht mehr den, den alle sehnlichst erwarten, den treuen und gnädigen Gott, der meine Finsternis und die Finsternis so vieler hell machte und in die Enge meiner Seele hereinleuchtete. ›Was ist der Mensch, dass du an ihn denkst!‹ – wie oft konnte ich dankbar staunend dieses Lied singen, weil ich spürte, dass mein Name, ich selber ihm bekannt war und er sich meiner annahm. Aber diese Hoffnung ist erloschen. Die Sterne

am Himmel, Mond und Sonne, sie bleiben alle im Dunkel, sprechen nicht mehr von einem Gott, der beschützt und der mich ins Land der Befreiten führt.
Da stoße ich eines Tages auf jene Stelle aus der Schrift. Sie trifft mich mitten in mein verwundetes Herz: Das Wort der Propheten ist durch Gott selber bestätigt, durch seinen Sohn, dessen Eintreten in die Welt den Himmel über uns geöffnet hat. Und dieses Wort ›ist ein Licht, das an einem finsteren Ort scheint, bis der Tag anbricht und der Morgenstern aufgeht in euren Herzen‹ (2 Petr 1,19)!
Der Morgenstern – in meinem Herzen! Er scheint, auch wenn ich ihn nicht erkenne, und er scheint so lange, bis er auch mein Herz erreicht mit seiner Botschaft: ›Freut euch, der Herr ist nahe!‹ Plötzlich war, als leuchtete es mir aus dem heiligen Buch auf meinem Schoß her ein, als strahlte mir ein Wort auf, das ich schon so oft überlesen hatte: Der Stern, die Kunde vom Immanuel, vom Gott-mit-dir, will in dir Fleisch und Blut werden, dich neu Mensch werden lassen. Öffne dich, Mensch, lass mich wohnen in dir, ich will auch in dir geboren werden. Und wenn es heute noch nicht sein kann, der Tag neuer Hoffnung ist auch für dich nicht unerreichbar, ich führe ihn für dich herbei. Das Morgenrot kündet es schon: Es wird sein Tag kommen, an dem auch du wieder singen kannst: ›Voller Pracht wird meine Nacht, weil dein Glanz sie angelacht‹.«

Morgenstern,
Licht vom ewigen Licht,
Hoffnungsstern,
leuchte und erhelle,
was in mir dunkel ist;
öffne und befreie,
was mich gefangen und gefesselt hält;
wärme und belebe,
was starr und fest geworden ist in mir;
heile und versöhne,
was in mir verletzt und verwundet ist;
richte mich auf und stärke mich,
denn ich bin niedergedrückt und schwach;
weise mir Wege der Hoffnung und der Zuversicht,
denn ich bin an dir und den Menschen irre geworden;
wecke mich und führe mich,
denn mir stockt der Atem und ich bin müde.

Komm, helles Licht
Menschen-Bruder
Menschen-Licht
Gottes-Licht
Gottes-Sohn
Jesus

GERTRUD WIDMANN

Bereitet dem Herrn den Weg »Ich sende meinen Boten vor dir her; er soll den Weg für dich bahnen. Eine Stimme ruft in der Wüste: Bereitet dem Herrn den Weg! Ebnet ihm die Straßen!« (Mk 1,3)

Diese Worte, die auf Jesaja zurückgehen, nimmt Johannes der Täufer auf, um Mut zu machen. Seine Zuhörer erinnert er damit an das Ende der Exilszeit, als das Volk in einer beinahe unerträglichen Lage war. Jesaja verkündigte damals mit diesen Worten das Ende der Demütigung. Mit dem Bild von der Straße durch die Wüste verband das Volk die Vorstellung einer Prachtstraße durch die Wüste genau auf Jerusalem zu.

Wenn Johannes mit hoch erhobener Hand und ausgestrecktem Zeigefinger am Jordan steht und mit den alten Worten des Propheten Jesaja predigt, dann will er Mut machen, so wie damals Jesaja mit diesen Worten dem Volk Mut machte: Hört her, es wird einen Weg geben, auch da, wo man jetzt noch keinen sieht, wo alles trost- und aussichtslos erscheint. Die Mächte der Unterdrückung und der Ungerechtigkeit werden überwunden, indem Gott selbst eingreift. Er wird den Weg zeigen aus dem unwegsamen Gelände.

Johannes, auf dem Bild eine mächtige Gestalt mit einem überdimensionalen Zeigefinger, scheint die Verbindung herstellen zu wollen zwischen unten und oben, zwischen dem Täufling im Wasser und dem hellen Streifen, der sich schon am Horizont zeigt. Die Helligkeit am Horizont spiegelt sich jetzt schon im Wasser des Jordan. Entlang seinem ausgestreckten Arm zieht sich so etwas wie eine Straße. Das bedeutet: Der angesagte Herr ist schon im Kommen. Es wird nicht mehr lange dauern, bis er da ist. Fasst also Mut, trefft die notwendigen Vorbereitungen, indem ihr umkehrt und euch taufen lasst.

Großer und barmherziger Gott,
der du dein Volk befreit hast
aus dem Sklavenhaus Ägypten.
Führe mich aus den Abhängigkeiten
meines Lebens.
Sprenge meine engen Grenzen.
Wecke in mir die Sehnsucht und
führe mich in das Land,
das du mir zeigst,
das Land der Freiheit und der Verheißung.

Großer und barmherziger Gott,
der du deinen Sohn geschickt hast,
damit er uns befreie von Knechtschaften
jeglicher Art.
Zeige mir die Wege zu ihm,
damit ich wegräume,
was mich hindert,
an ihn zu glauben und ihm zu vertrauen.

Großer und barmherziger Gott,
der du das Volk in der Wüste genährt hast,
ermutige mich, wenn mir die Wege zu weit,
zu steil oder zu steinig erscheinen.
Zeige mir die Stellen,
wo ich auf meinem Weg umkehren muss,
um ans Ziel zu kommen.

JOSEF BIRK

Ich erblicke ihn, aber nicht in der Nähe: Ein Stern geht auf aus Jakob »Das Bild ist aber traurig. Ich sehe einen Esel, einen Mann mit grüner Kleidung, der nach oben schaut, einen Mann mit roter Kleidung, der die Arme verschränkt, einen mit lila und daneben einen in brauner Kleidung. Darüber ist ein großer Turm, der ist zerbrechlich, der bricht da (der Junge zeigt auf die Mitte des Turmes), das sieht man doch. Und darüber ist eine Sonne und um die ist etwas Helles. Alles andere ist dunkel. Jetzt frage ich mich, warum etwas Helles um die Sonne ist. Das Bild ist wirklich traurig und trotzdem schön. Wenn ich die Sonne anschaue, fühle ich den Gott in meinem Herzen.« – So weit die Bildbeschreibung eines Vierjährigen.
Mich als Erwachsene beschäftigt besonders der Turm. Der Turm drängt den Stern an den Bildrand. Die Männer strecken sehnsuchtsvoll ihre Arme nach oben, als erdrückte sie der Turm und drohte, sie unter sich zu begraben. Der Turm, die Bauwerke und Errungenschaften der Geschichte, verstellen den Blick auf den aufgehenden Stern.
Im Buch Numeri ist die Vision vom aufgehenden Stern ebenso verhalten: »Ich sehe ihn, aber nicht jetzt, ich erblicke ihn, aber nicht in der Nähe: Ein Stern geht in Jakob auf, ein Zepter erhebt sich in Israel« (Num 24,17ab). Trifft diese verzögerte Vision gerade heute zu? Hat unsere

moderne Welt eine Trutzburg geschaffen, die den Blick auf unseren Stern, auf Jesus von Nazaret, verstellt? Ist die Moderne eine Anhäufung grauer Steine, die die Menschen niederdrückt und an der Verbindung zu Gott hindert, gleichzeitig aber ihre verzweifelte Sehnsucht nach einem Rettungsanker nährt?

Das Bild legt dies nahe. Jedoch ohne eine Antwort zu suchen, genügt mir der Hinweis (des Vierjährigen), der Turm ist zerbrechlich. Der Turm ist ein komplexes Gebilde, seine Komplexität steigert die Zerbrechlichkeit. Seit dem 11. September 2001 haben wir ein weiteres Turm-Symbol für die Zerbrechlichkeit einer hochzivilisierten Gesellschaft, die sich lange für unverletzbar hielt. Doch der Stern über dem Turm unseres Bildes wird diesen nicht zerstören (wie die Flugzeuge das World-Trade-Center). Der Stern rückt den Turm ins rechte Licht, das auf die Gebäude, die Kuppel und die Türme fällt. Der Stern wärmt das Herz, nicht der Turm. Der Turm darf uns Menschen mit Stolz erfüllen, aber Gott finden wir über dem Turm, jenseits des Turmes, und die Sehnsucht nach dem Stern hält in uns das Wissen wach, dass der Turm zerbrechlich ist; dass der Stern – wenn auch in der Ferne – nicht untergeht.

Hast du den Stern gesehen,
ich zeige ihn dir.
Strecke deine Arme aus
und greife nach ihm.
Heb deinen Kopf empor,
dass du ihm näher kommst.
Hast du den Stern gesehen,
er zeigt sich dir.

Was ist mit dem Stern,
verstellt und fern,
unnahbar für meine Hände.
In Kindertagen war er mir geschenkt,
aber jetzt ist er verborgen
hinter dem, was mein Leben zählt.

Willst du den Stern sehen,
ich zeige ihn dir.
Blicke zum Himmel auf
und bitte um die Sehnsucht.
Führe deine Hände nach oben
und spüre dich ausgespannt.
Verwurzle dich in der Erde
und habe Geduld.
Du wirst den Stern sehen,
er zeigt sich dir.

CHRISTIANE BUNDSCHUH-SCHRAMM

Über denen, die im Land der Finsternis wohnen, geht ein Licht auf Nacht, abgrundtiefe schwarze Nacht. Man sieht die Hand nicht mehr vor Augen. Eine unwirtliche Gegend. Hier wächst kein Gras mehr. Der letzte Baum ist längst gefällt – abgestumpft. Meine Hand sucht nach einem Halt – und findet nur eine Rose als Stütze. Senkrecht von oben fällt Licht ein. Licht einer merkwürdigen Qualität. Das ist kein reines, strahlendes Licht. Es hat auch nichts eigentlich Glanzvolles, Grautöne überwiegen. Da ist etwas im Gange, von dem man noch nicht weiß, wie es ausgehen wird. Das Licht fließt gewissermaßen in die Finsternis und verdünnt sie, ganz so, wie sich Farben im Wasser auflösen. Der Fluss, der breite Strom des Lichts, teilt das Dunkel. Es betont und bildet die starke senkrechte Achse der Komposition.
Ein Baumstumpf – tot, reglos, leblos kreuzt die Lichtachse schwer auf der Waagerechten. Knorrig und kantig hebt er sich sperrig gegen das einfallende Licht ab, während er mit der Dunkelheit zu verschmelzen scheint. Aber auch dieser Baumstumpf ist nicht einfach hartes totes Holz. Er kommt auf einen grünen Zweig. Wie eine schützende Hand, wiederum eine Hand, behütet er eine Rose, die aus ihm herauswächst. Die Blüte wächst genau ins Zentrum des Bildes. Dort erglüht sie in intensiven Farbtönen. Das fließende Licht von außen wird zum farbenfrohen Leuchten von innen

und taucht selbst noch den Wurzelstumpf in warmen roten Widerschein.
Ein Bild voller Spannung und Kontraste. Ein Bild der Bewegung und der Veränderung. Die Momentaufnahme eines Übergangs. Das ist Advent, die Ankunft und der Anbruch des Anderen – Undenkbaren und Unerwarteten. Es spricht alles dagegen, aber das Licht durchdringt das Dunkel. Farben leuchten in der Finsternis und aus totem Holz wächst eine neue blühende Zukunft.
Dabei vermittelt das Bild seine Botschaft äußerst sparsam. Das ist das Geheimnis seiner Kraft: Das Besondere ereignet sich im Alltäglichen, dort, wo wir es vielleicht am wenigsten erwarten. Also beginnt der Advent mit der Aufmerksamkeit für den Alltag – mag er noch so grau und unwirtlich sein. Vielleicht ist gerade der graue Alltag der erste Bote des anbrechenden neuen Lichts. Dieses Licht, die Erleuchtung, die wir suchen, finden wir in unseren Dunkelheiten. Wer immer dabei die großen Glanzlichter erwartet, die Klarheit schaffen und eindeutig trennen zwischen Schwarz und Weiß, Hell und Dunkel, wird enttäuscht sein. Das Licht des Advent lässt Zwischentöne zu. Und schließlich: Was immer wir für abgestorben, abgestumpft und unwiederbringlich zerstört halten, sollte unsere besondere Aufmerksamkeit und Zuwendung erfahren. Vielleicht träumen die toten Bäume nur und ihre Wurzeln bewahren ein großes Geheimnis …

Erwartung II

Mit einem Winterwort
segnet der Himmel
die Erde

Die letzten Blätter fallen

Scharf zwinkern die Sterne
da der Tag schläft

Kennst du
das Wurzelgeheimnis

Die toten Bäume träumen
ihre verschollene Welt

Werden sie auferstehen
wenn das Laub erwacht

(Rose Ausländer)

ULRICH PETERS

Und das Kind streckt seine Hand in die Höhle der Schlange Er gehört zu Weihnachten wie der Christbaum und die Geschenke: der Traum vom Frieden. Biblisch gesehen spannt sich der Bogen von den großartigen Visionen des Jesaja über die Friedensbotschaft der Engel von Betlehem bis heute. Am Fest des Friedens wird das Leiden unter einer friedlosen Welt am deutlichsten und die Sehnsucht nach Frieden tritt am stärksten zutage.

Der Traum des Jesaja vom Frieden, den der Messias mitbringt, hat drei Dimensionen: Zunächst ist vom Gesalbten die Rede, auf dem der Geist des Herrn ruhen wird. Sein wichtigstes Amt ist das des Schlichters, wobei seine Fürsorge besonders den Armen und Rechtsschwachen gilt.

Die dritte Dimension dieses Friedens beschreibt den paradiesischen Frieden, den der Gesalbte herbeiführen wird: Sämtliche feindschaftlichen Verhältnisse werden aufgehoben, sodass Panther, Wolf, Bär, Löwe, Kuh, Kalb und Böcklein friedlich beieinander wohnen können. Sämtliche Bereiche der Natur werden neu geordnet.

Sieger Köder übersetzt das wörtlich in sein Bild. Friedlich sitzen die Tiere auf dem wie ein Erdball anmutenden roten Ball. In der unteren Bildhälfte liegen die zerbrochenen und zerstörten Kriegsgeräte der Menschen.

Man braucht sie nicht mehr, wenn das messianische Friedensreich angebrochen ist. Aus Kanonenrohr und Stacheldraht wachsen daher rote Rosen. Für Hass, Streit, Krieg und gegenseitiges Töten ist kein Platz mehr.

Es fällt auf, dass der Maler das Kind, das vor dem Schlupfloch der Natter spielt, in der Mitte des Geschehens platziert. Das verleitet zu der Annahme, dass diesem Kind eine besondere Bedeutung zukommt: Es ist das Kind, das in Betlehem geboren wird und tatsächlich dieser Messias ist. Er ist der Gesalbte, von dem Jesaja redet. Er wird als kleines Kind in einem Stall geboren und löst das ein, wovon Jesaja in seiner Vision träumt.

Advent, die Zeit, in der Hoffnungen und Sehnsüchte
mehr als sonst ihren Platz haben.
Sie müssen nicht gleich wieder an den knallharten
Fakten geprüft werden.
Sie haben ihren ganz eigenen Stellenwert.
Ich nehme mir im Advent die Zeit, über die alltäglichen
Sorgen und Mühen hinauszuschauen und den allzu oft
verschütteten Sehnsüchten Raum zu geben.
Die alten prophetischen Hoffnungsbilder können
dabei helfen.
Welche Namen haben meine Sehnsüchte?
Unter welchen unversöhnlichen Gegensätzen leide ich
am meisten?
Auf wen setze ich meine Hoffnungen auf Veränderung?
Welche Rolle spiele ich selber dabei?
Welche Hoffnungen setze ich auf Gott, der seinen
Gesalbten geschickt hat, um uns zu befreien?

Josef Birk

Betlehem – Haus des Brotes – aus dir wird hervorgehen der Hirt meines Volkes Israel David, die dominierende Figur dieses Bildes, ist ganz in transzendentem, göttlichem Blau gehalten. Er trägt die Silhouette Betlehems auf seinem Gewand – wie eine Art »Abstammungsurkunde«: David aus Betlehem in Juda. Aus dem Geschlecht Davids stammen heißt, aus einer besonderen Familie kommen, so wird uns an verschiedenen Stellen in der Bibel berichtet.

Aus dem Geschlecht, aus dem Schoß Davids ... tatsächlich: es scheint, als sei David in gebärender Haltung dargestellt. Zwischen seinen Knien entdecken wir die noch leere Krippe mit den Windeln und dem Ochsen dahinter.

»...aus dir wird hervorgehen ein Herrscher, ein Fürst, der Hirt meines Volkes Israel.«: Die Christrose oben im Bild zeigt ihn uns: Jesus aus Nazaret, Jesus Christus, Gottes geliebter Sohn. Maria trägt ihn nach Betlehem, seinem familiärem (Abstammungs-)Zuhause, begleitet und beschützt von Josef, dem treuen und fürsorgenden Mann hinter ihr, einem Mann aus der Familie Davids.

David, der Stammvater, »ergrünt« richtig, kommt zu neuem Leben. Er erblüht in der Christrose Jesus Christus, der an Weihnachten als Hirt und Herrscher des Volkes Israel in Betlehem zur Welt kommt.

Betlehem – Haus des Brotes heißt es übersetzt: damals eine kleine, aber eben nicht unbedeutende Stadt, die

Geschichte gemacht hat – bis heute. Und damals wie heute ein Ort der Hoffnung, ein Ort der Verheißung auf neues Leben, auf neue Möglichkeiten und auf die nie zu Ende gehende Geschichte Gottes mit seinen Menschen. In Betlehem ist Gott zur Welt gekommen und Mensch geworden. Das meint doch unwiderruflich: In und durch dieses Haus des Brotes will Gott uns Brot für unser Leben, für unser Suchen und Fragen, Hoffen und Bangen sein, in diesen Advents- und Weihnachtstagen und darüber hinaus.

Betlehem – Haus des Brotes
Ort der Verheißung, dass alle bei ihrem Namen
gerufen werden und zu Gottes Volk gehören

Betlehem – Haus des Brotes
Ort der Verheißung, dass die Sprache der Liebe
ein global-player sein wird

Betlehem – Haus des Brotes
Ort der Verheißung auf eine bessere Welt,
in der jeder hat, was er braucht,
und nicht mehr hungern muss

Betlehem – Haus des Brotes
Ort der Verheißung, dass Himmel und Erde,
Gott und die Menschen
miteinander Geschichte(n) machen

Betlehem – Haus des Brotes
Ort der Verheißung, dass wir voneinander leben und
dies das Geheimnis unseres Lebens ausmacht

Betlehem – Haus des Brotes
Ort der Verheißung, dass Gott im Kommen ist

Franz-Josef Scholz

Selig, die geglaubt hat Dieses Wort steht über den beiden Frauen, die im Braun der Erde die untere Hälfte des Bildes ausmachen. Dahinter im Blau des Himmels zwei Männer und das, was zwischen ihnen steht: das Zeugnis »Seht das Lamm Gottes« (Joh 1,29) sowie die zweifelnde Frage »Bist du es, der da kommen soll oder sollen wir auf einen anderen warten?« (Lk 7,20).
Zweimal zwei Menschen, die aufeinander bezogen sind. Geborgenheit, Schutz und Nähe werden sichtbar bei den Frauen, die sich einander zuneigen. Die Söhne dieser beiden Frauen berühren sich nicht. Da ist nichts von Geborgenheit und Schutz zu sehen, eher ein Ahnen von klarer Lebensentscheidung. Ein Hereinbrechen der Zukunft, die nach außen hin Scheitern bedeutet und für die vielen, die nachkommen, Frucht der Erlösung.
Maria, die Frau, die Ja gesagt hat zu der Zumutung Gottes, wird zur Lichtträgerin. Ihr Gesicht kann strahlen, weil ihr Herz sich entschieden hat. Der Schein des Lichtes auf dem Angesicht Jesu macht deutlich, dass er den Menschen Licht ist, Licht auf das Johannes hinweist, Licht hinein in das Dunkel menschlicher Geschichte. Noch trägt es Maria in sich: das Wort Gottes, das Mensch werden will und das eine Chance bekommen hat durch ihr Ja.
Elisabet, die alte, gesegnete Frau, spürt das und bringt es zum Ausdruck: Selig, die geglaubt hat. Sie kniet vor

Maria nieder, legt ihr Ohr an das Herz Mariens. »Gesegnet bist du mehr als alle anderen Frauen, und gesegnet ist die Frucht deines Leibes. Selig ist die, die geglaubt hat, dass sich erfüllt, was der Herr ihr sagen ließ«, so Elisabet.
Und die Antwort Marias: »Der Mächtige hat Großes an mir getan.« Gott ist der Handelnde, der kommt, der da ist – und der Mensch ist Acker Gottes, Erdreich, in das Gottes Wort hineinfällt, wächst, zur Frucht reift. Der Himmel wird herabgeholt auf die Erde. Das Wort Gottes scheut nicht die Erdgebundenheit, das Herabsteigen, den Schmutz und das Eintönige, die Begrenzung und die Abhängigkeit. Gott wird Mensch in dieser Frau Maria.
Im tiefen Blau der zweiten Bildhälfte ist diese Frucht bereits zu sehen: Jesus, der Sohn der Jungfrau Maria, und Johannes, der Ersehnte. Johannes heißt: »Gott ist gnädig«. Er, der durch Gottes Zuwendung die Rettung der Eltern aus Verzweiflung und Hoffnungslosigkeit bedeutete, wird zum Hinweis auf die eigentliche Tat Gottes im menschgewordenen Jesus. Gottes Gnade wird für alle Geschlechter erfahrbar, weil Gott Mensch wird und so dem Menschen zeigt, wie sehr er ihn liebt, ihn achtet und annimmt.
Im menschgewordenen Wort Gottes ist alles gesagt, was Gott sagen kann. Gott ist Liebe, Licht, Leben in Fülle. Aus dieser Fülle haben wir alle empfangen, Gnade über Gnade.

Erde und Himmel
verbindest du, Gott, in deiner Menschwerdung.

Lass mich Erde sein, Mutterschoß für dein Wort,
offen und bereit, dich heute zu hören und aufzunehmen
wie Maria.

Lass mich Erde sein,Weg, der zu den Menschen führt,
der Begegnung ermöglicht
zwischen Gegenwart, Vergangenheit und Zukunft.

Lass mich Erde sein, fruchtbares Land,
wissend um den Schatz, den du in jeden Menschen
hineinlegst,
aber auch um das Angewiesensein auf dein Licht,
deinen Schatten, deine Zuwendung.

Lass mich Erde sein, die den Himmel berührt.
Lass mich die Erwartung leben,
dass sich der Himmel immer wieder auftut
und die Botschaft von Johannes dem Täufer
und von Jesus, deinem menschgewordenen Sohn,
heute vernommen wird: von mir – von uns Christen,
auf dieser Erde.

Sr. Paulin Link

Fürchte dich nicht Josef, ich habe Angst. In Betlehem müssen wir nicht nur unsere Namen, sondern auch den unseres Kindes angeben und sagen, wer seine Mutter und sein Vater sind.
Aber Maria, du weißt doch, ich stehe zu dir und dem Kind. Die Behörden können uns nichts antun.
Ich meine etwas anderes, Josef. Während wir jetzt unterwegs waren, habe ich gedacht: Lieber wäre es mir, das Kind wäre aus unserer beider Liebe. Und nicht dieser Anspruch, dieses geheimnisvolle »Du bist voll der Gnade«, nicht dieses unfassbare, was kein Mensch verstehen und begreifen kann: »Der Heilige Geist wird über dich kommen«! Verstehst du, was ich meine?
Und ob, Maria, den ganzen Weg über bohrt der Zweifel in mir. Träume ich oder ist es wahr, was mir damals wie aus einer anderen Welt dämmerte: »Fürchte dich nicht, das Kind deiner Verlobten ist vom Heiligen Geist. Bleibe bei deinem Ja für sie und für das Leben, das in ihr wächst.« Heiliger Geist, das hat mit dem Himmel über uns zu tun, mit dem Messias, den wir erwarten und der aus meinem Geschlecht hervorgehen soll. Immer wieder meine ich, die Wolken über uns würden aussehen wie eine Taube.
Josef, was werden unsere Verwandten in Betlehem sagen? Vor allem, wenn sie erfahren, dass unser Kind »Jesus« heißen soll. Ich habe Angst, sie werden uns wegen Gotteslästerung anzeigen. Denn Jesus, das heißt doch:

der rettet, der sein Volk von allen Sünden erlöst. Das ist doch der Immanuel, der Gott mit uns.
Schlimmer noch, Maria, sie werden die heiligen Schriften gegen uns verwenden, in denen es heißt: »Aus dir, Betlehem, wird ein Fürst hervorgehen, der Hirt meines Volkes Israel.« Ein Fürst hat fürstliche Eltern und nicht eine Mutter, die als Schwangere auf einem Lasttier einen lebensgefährlichen Weg zurücklegen muss. Beweis genug, dass da nicht der Geist Gottes am Werk ist. Maria, ich fürchte, unser Schicksal steht unter keinem guten Stern. Aber da, schau, wieder diese Wolken!
Andere Mütter freuen sich auf ihr Kind, aber ich ahne Schlimmes. Ein Neugeborenes, immer ein Zeichen, dass Gottes Friede mit uns und unserer Welt ist, wird Anlass zu Spaltung und Feindschaft. Wo ist der Geist des Friedens, den Gott denen verspricht, die ihm vertrauen? Josef, ich zweifle, ob ich noch einmal singen kann: Meine Seele preist die Größe des Herrn!
Maria, wenn es Gottes Willen ist, dann wird keine dunkle Wolke unseren Weg verstellen, dann dürfen wir hoffen, dass der, der dich »überschattet« hat, auch weiter mit uns zieht und uns den Platz zeigt, der für unser Kind bestimmt war, noch bevor wir uns darum sorgen konnten. Geb's Gott, Josef, dass er weiterhin auf unsere Niedrigkeit schaut und dass er sich unser erbarmt, wie er es schon unseren Vätern und Müttern verheißen hat.

Gott hat damit begonnen
und uns gezeigt:
Mensch bin ich nicht
Mensch werde ich

Gottes Mensch-werdung
sucht den Menschen
der hört und offen ist
der antwortet und seinem Wort traut

Gott wird Mensch
und teilt sich dem Menschen mit
teilt sein Los
und wird klein und arm

Gott will Mensch werden
heute, morgen
in mir, in uns, in unserer Welt
durch seinen schöpferischen Geist

Fest der Menschwerdung
Traue ich mich? Vertraue ich?
Folge ich Gottes Frieden schaffendem Geist?
Hat er Platz in mir?

Fest der Menschwerdung – Zeit, um Mensch zu werden.

Gertrud Widmann

Und alle Menschen werden das Heil sehen, das von Gott kommt Auch in der Gesellschaft unserer Tage spielt die Herkunft eine Rolle. »Aus gutem Hause kommend« ist noch nie von Schaden gewesen. Unser Stammbaum geht noch weiter zurück. Ihn detailliert zu kennen ist für manche mehr als ein bloßes Hobby. Jedenfalls haben wir alle eine lange Vorgeschichte, die im Psalm 139 religiös, also von Gott her, gedeutet wird: »Deine Augen sahen, wie ich entstand, in deinem Buch war schon alles verzeichnet; meine Tage waren schon gebildet, als noch keiner von ihnen da war« (139,16).
Naheliegend, dass den Glaubenden die Herkunft Jesu wichtig war. Die Evangelien nach Matthäus (1,1–17) und Lukas (3,23–38) haben deshalb eine Genealogie Jesu, die Sieger Köder in Auswahl ins Bild bringt. Der Stammbaum Jesu, getragen von Abraham, wurzelt in den Tiefen der Erde, aus der Adam, der erste Mensch und erste Sohn Gottes, geschaffen ist. Die Urgeschichte wird ins Spiel gebracht: Ziel aller Schöpfung ist Jesus. »Alles im Himmel und auf Erde wollte Gott zu Christus führen« (Kol 1,19).
Gottes schöpferisches Wort wird erstmals von Abraham wahrgenommen. Glaubend bricht er auf, um es dem anzuvertrauen, der es vor allem Volk als Zehngebot auf den steinernen Tafeln kundtut. Zusage Gottes an Mose und alle Menschen: ICH BIN DA (Jahwe). König David greift

in die Saiten, um mit dem Zwölfstämmevolk Israel den Gott zu preisen, der seine Verheißung wahrmacht über Isai, den Vater Davids.
Alle Gestalten auf dem Bild sind Hörende und darum Preisende. Auch dann, wenn auf dem Gesicht Josefs der verständliche Zweifel steht. Wann war er sich sicher, dass dieser »Nazarener« der Sohn Davids und damit der Messias (Christus) ist? Nicht von ungefähr wurden ihm Gesichte, Träume zuteil, damit sein Glaube nicht wanke. Maria zeigt das letzte Glied des Stammbaums: Jesus (Gott rettet), den Immanuel (Gott mit uns). Das Kind verdeckt beinahe die Mutter, die »Magd des Herrn« sein und bleiben möchte.

Gott der Zeiten und Geschichte. Gott der Völker und Hirte Israels. Du bist auch der Gott meines Lebens und aller, die mit mir von Advent zu Advent den Weg der Verheißung und die Straßen der Hoffnung gehen.
Eine weite Strecke hast du mit Abraham, Mose, den Königen und Propheten zurückgelegt, bis »die Zeit erfüllt war« (Gal 4,4). Das war der (erste) Advent deines Sohnes. Nun gehen Mensch und Welt auf seinen letzten (zweiten) Advent zu. Mit vielen anderen bin ich unterwegs. Die meisten kenne ich nicht. Du aber weißt um

jeden Namen. Sie sind dir so wichtig wie die Männer und Frauen, die aufgebrochen sind in das Land der Verheißung (vgl. Hebr 4,1). Dort sollen sie zur Ruhe kommen.
Gott, der Stammbaum deines Sohnes gibt mir Sicherheit, dass ich mit den anderen Weggefährtinnen und Weggefährten bei dir ankommen werde. Das wird dann mein letzter Advent sein, der sich heute wieder in Erinnerung bringt. Jetzt gehen wir noch auf dem harten Pflaster irdischer Wirklichkeit. Die alltäglichen Wege sind staubig. Wir stolpern über die Schlaglöcher der Schuld und Vergeblichkeit. Lass mich aber nicht vergessen, dass der Advent deines Sohnes mich auch mit Wegabschnitten beschenkt, die unbeschwert gegangen und mühelos befahren werden können.
Gott meiner und unserer Wege, bleibe bei uns durch Jesus Christus.

Heribert Feifel

Ein großes Licht wird aufstrahlen an jenem Tag Wie wenn ein großer Scheinwerfer den Boden absuchen und in der Mitte stehen bleiben würde, um sein Licht in die Tiefe zu senken und das Gesuchte auszumachen, so fällt ein Strahl von einem hellen Stern her vom Himmel, blendend leuchtend, fast wie eine Sonne!
Sternkundige erkennen das Wintersechseck am Sternenhimmel. Im Mittel- oder Scheitelpunkt steht der Stern, der mit seinem gleißenden Band Himmel und Erde verbindet. In der dunkelsten Jahreszeit, am Wendepunkt im Kreislauf der Gestirne und der Gezeiten hat sich der Himmel geöffnet. Wie durch einen Türspalt Licht dringt, so wirft der Himmel auf die in Finsternis liegende Erde einen Strahl hellen Lichtes. Offener Himmel, erdverbunden und einen Punkt ausleuchtend, der in seinem Licht erstrahlt und den er markieren will.
Davon künden die Lieder des Advent: Diese alte Sehnsucht der Menschen möge in Erfüllung gehen und der Himmel der Erde und den auf ihr lebenden Geschöpfen Gutes, Heilvolles, Belebendes und Erhellendes senden.
Davon sprechen die Verheißungen der adventlichen Propheten: Das ewige, ungeschaffene Licht, Gott selber, der Gott, der Beziehung heißt, der Gott mit allen und für alle ist, er möge sein Liebesband auf der Erde festmachen und sich so mit der Welt unauflösbar verbinden.
Und davon erzählt die biblische Weihnachtsgeschichte:

Gott sucht einen Ort, wo er bleiben, wohnen, Mensch werden kann, damit der Mensch erkennt und glaubt, dass er nie gottverlassen und gottlos ist.
Die Lichtquelle, über Ewigkeiten weit entfernt vom kleinen Erdengestirn in der Unendlichkeit der Zeiten und des Alls, bleibt nicht für sich, sondern strömt ihren Strahl hinein in die Dunkelheit und findet ihr Ziel. Das Wort bekommt Antwort, die Anrede findet das Du in Maria von Nazaret. Das Licht kreist nicht um sich selber. Es kommt erst am Boden zur Ruhe, als es sich dort festmacht für immer und ewig.
Sich auf dieses Licht einzulassen und gleichzeitig zulassen zu müssen, dass man es nicht besitzen kann, ist nicht leicht. Die Jünger werden es spüren auf dem Berg der Verklärung: Es ist nicht die Zeit zu bleiben. Jesus sendet sie aus mit dem Auftrag, Licht zu sein und allen zu leuchten, die in Angst, Not und Finsternis sind. Und auch nach seiner Auferstehung ist er nicht festzuhalten, wie Maria von Magdala schmerzlich lernen muss. Vielmehr wird sie, der dieses neue Lebenslicht aufgegangen ist, als erste Botin zu denen gesandt, die sich noch hinter verschlossenen Türen eingeschlossen hatten.
Neuer Schein und neues Leben, offener Himmel, Gott und Mensch – ewige Verbindung und Verbundenheit. »Jener« Tag ist schon heute, ein großes Licht ist aufgestrahlt.

Gott
dein Himmel ist offen
daraus scheint dein Licht
und es erscheint dein Wort
sichtbar, hörbar, mit Hand und Fuß
dein Sohn, unser Bruder Jesus

Gott
lass einen Spalt
deines Himmels offen
damit wir ihn sehen, hören, erkennen
in menschlichen Händen und Füßen
deinen Sohn, unseren Bruder Jesus

Gott
dein Himmel ist angebunden an unsere Erde
mit dem lichten Band deiner Liebe
sichtbar, hörbar, mit Hand und Fuß
in deinem Sohn, unserem Bruder Jesus

Gott
lass uns und unsere Erde
angebunden sein an deinen Himmel
damit wir Licht sind in unserer Welt
sichtbar, hörbar, mit unseren Händen und Füßen
nachfolgend deinem Sohn, unserem Bruder Jesus

Wolfgang Tripp

Heute ist uns der Retter geboren Die Farbe Blau besticht: Die neue Eva ist da, um das Leben zu gebären, das in Jesus Christus gekommen ist. Ihn, das Heil der Welt, eingehüllt in das Gewand lichter Herrlichkeit, hält Maria in Händen. Der Urahn weiß: Das Reis aus der Wurzel Jesse ist da. Sein Königtum wird anders sein als das Königreich Davids. Vom Kreuz herab herrscht Gottes Sohn. Darum hält der König Israels das Schild mit den Initialen des Gekreuzigten in Händen: Jesus Nazarenus Rex Judaeorum. Krippe und Kreuz begegnen sich im Erstgeborenen. Darum hat der Maler der Herberge Betlehems die Gestalt des Kreuzes gegeben. Deshalb beherrscht das Bild die Farbe Braun, eine Mischung von Rot und Schwarz. Ausdruck für eine Welt, die im Argen liegt. Sie wartet darauf, von Schuld und Tod befreit zu werden. Die Finsternis verlangt nach Licht. Das Hirtenmädchen entdeckt das Licht im Dunkel und lässt sich führen wie die Weisen aus dem Morgenland. Zur Krippe kann man nur mit leeren und gefalteten Händen kommen. Die Wallfahrt der Suchenden, Armen und Schuldigen währt durch die Jahrhunderte von Advent zu Advent, bis Christus wiederkommt in Herrlichkeit.
Hinten im Abseits hält Josef mit der Hand seinen schweren Kopf. Für ihn ist alles mehr ungelöst denn geklärt. Noch manche Nacht muss über ihn fallen.

Ist deshalb seine Haltung so ungelenk? Im wahrsten Sinn des Wortes verdreht. Diesem Nährvater Jesu wird die Geburtsgeschichte im Matthäusevangelium (1,18–25) eher gerecht denn das so genannte Weihnachtsevangelium nach Lukas (2,1–20). Trotz aller Ungereimtheiten und Widersprüche im Zusammenhang mit der Geburt Jesu bleibt er ein Erwartender und Hörender. Auch ein Schweigender kann ein Künder Gottes, ein Prophet sein. Das Blau, die Farbe der göttlichen Weisheit, hat den Bildbetrachter wieder eingeholt. Himmel und Erde haben einander gefunden. Im Gott-Mensch sind sie vereint.
Dieses Weihnachtsbild vom Rosenberger Altar lädt ein zum Verweilen. Die Hausbewohner laden zum Gespräch ein. Jede Gestalt hat ihre Lebens- und Glaubensgeschichte, in der ich mich finden kann.

David, König Israels.
Du hast die Großtaten Gottes und die Höhen und Tiefen deines Volkes, meine Vorfahren im Glauben, in den Psalmen besungen. Deine Lieder sind unsere Lieder geworden.
Ermutige mich, Gott allezeit zu preisen und ihm zu danken.
Josef, Lebensgefährte Marias, Nährvater Jesu.
Du hast dich Gott vorbehaltlos zur Verfügung gestellt, hast dich benützen lassen für eine Familie, die eigentlich keine war.
Stehe allen bei, deren Lebensstil von der Normalität abweicht.
Maria, Mutter deines und meines Herrn.
Du bist immer bei Jesus geblieben. Im Nicht-zu-Hause des Stalles, in der Verleugnung durch deinen Sohn auf der Hochzeit zu Kana, im Alleinsein unter dem Kreuz.
Sei Ansprechpartnerin denen, die ihrem Leben und Glauben eine Gestalt geben wollen.
Hirtenmädchen an der Krippe Jesu.
Du hast dich von Gott finden lassen, bist dem Licht des Glaubens gefolgt.
Lege den Gebetsschal deines Volkes allen um, die Söhne und Töchter Abrahams sind.

Heribert Feifel

Und das
wort
ist Fleisch
geworden
und hat
unter uns
gewohnt
und wir

Die ganze Welt könnte die Bücher nicht fassen

(Joh 21,25) Ein Kind in der Krippe ist nicht alltäglich. Ein Buch auf der Krippe ist absonderlich. Die Krippe ist nicht für Lesefutter gemacht. Ochs und Esel, Schaf und Ziege brauchen Gras und Heu statt Worte. Das Buch in der Krippe ist so fremd wie eine Kuh in der Bücherei. Im Stall erwartet man keine Bücher, sondern Melkgeschirr, Mistgabeln und alles übrige Stallzeug.

Maria und Josef, die in der Nacht der Geburt die Krippe als Wiege nutzten, konnten vermutlich nicht lesen. Ihr Leben lang hätten sie sich ein Buch nie leisten können. Die Hirten, die nächtens kamen, waren Analphabeten. Ihnen wurde mündlich ausgerichtet: »Ihr werdet ein Kind finden, das, in Windeln gewickelt, in einer Krippe liegt.« Und so war es. Von einem Buch war nicht die Rede. Für uns liegt jetzt an der Stelle des Kindes das geöffnete Buch. Ein neues Kapitel ist aufgeschlagen: »Und das Wort ist Fleisch geworden und hat unter uns gewohnt und wir« – da hört die Seite auf.

Die Leute an der Krippe mit ihren kindlichen Gesichtern schauen froh auf das Buch. Auch der Kleinste will hinein gucken. Im Widerschein des Buches leuchten ihre Gesichter. Von draußen scheinen die Sterne herein. Das Stroh in der Krippe, die Streu auf dem Boden und das strohgedeckte Dach glänzen. Gottes Wort glüht in den strohernen Worten der Menschen!

Vor der Krippe liegt – halb aufgeschlagen – das Buch Jesaja. In ein Bild gefasst ist die Verheißung des Propheten: »Aus dem Baumstumpf Isais wächst ein Reis.« Das Buch liegt im Dunkel auf einem Stapel zugeschlagener Bücher.

Wo das Wort erscheint, darf das Vorwort verblassen.

Die Welt ist lesbar und Gott ist vernehmbar aus dem einen Buch.

Und das Wort
ist Fleisch geworden
in der winzigen Faust des Neugeborenen
im unbefangenen Nacktsein der Kinder
in der lässigen Eleganz der Jungen
in den schwingenden Hüften der Frauen
in den breiten Schultern des Handwerkers
im faltigen Gesicht der Großmütter
im spärlichen Haar der Urgroßväter

Und wir
liebkosen das Wort in den Neugeborenen
und wir
sehen es blühen im Heranwachsen der Kinder
und wir
bangen um das Wort im Denken der Jungen
und wir
leben vom Wort durch die Treue der Frauen
und wir
fragen nach dem Wort im Geschäft der Männer
und wir
belächeln das Wort in der Hoffnung der Alten
und wir
suchen das Wort
und finden es wohnend nebenan

Anton Seeberger

Und der Stern zog vor ihnen her »Der Stern, den sie haben aufgehen sehen, zog vor ihnen her bis zu dem Ort, wo das Kind war« (Mt 2,9).

Drei Menschen sind unterwegs, miteinander aufgebrochen mitten aus dem Alltag heraus. Ihnen war etwas Neues aufgegangen: Der eine erkannte etwas, was er schon in den heiligen Schriften gelesen hatte, was ihm aber immer noch geheimnisvoll verschlüsselt war. Der andere konnte diese Himmelserscheinung deuten aufgrund von Bildern, die sich ihm längst eingeprägt hatten aus menschlichen Erfahrungen und die er sich aufgezeichnet hatte. Der dritte gab sich einfach dem himmlischen Ereignis hin, staunte und meditierte himmelwärts. Am Himmel und vom Himmel her ereignete sich etwas Neues, noch nicht Gesehenes, das sie aufbrechen ließ. Wache, empfindsame und offene Menschen müssen es gewesen sein, die das mit Aug und Herzen sahen, was der Himmel ihnen bot: ein Weg-Zeichen, das eine Richtung vorgab, Orientierung bot für ihr Gehen und Suchen. Sie wurden einander Weg-, Glaubens- und Hoffnungsgefährten, die sich verbunden wissen im Bekenntnis: Uns ist ein Stern aufgegangen.

Aber es ist nicht sein Leuchten, das sie auf den Weg bringt. Vielmehr ist es das, wovon er kündet: Aus dem Dunkel, das zurückliegt, in ein anderes, noch unbekanntes Dunkel, das vor ihnen liegt – da hinein ist Neues geboren. Der Stern ist der Stern des neugeborenen Königs, von dem es

heißt, er werde der Friedensfürst für alle Welt sein. Sein Erscheinen in der Welt verbindet Himmel und Erde – das ist die Hoffnung, die sie antreibt. Diese Hoffnung können sie nicht einfach haben. Sie müssen dafür schon aufbrechen, heraustreten aus dem Denken und Handeln, das ihr Leben bis jetzt prägte und oft genug fesselte. Es bleibt für sie das Wagnis, dem Stern und seiner zeichenhaften Richtungsangabe zu trauen oder nicht.
Das Bild zeigt: Er ist über ihnen, will hell machen, was unverständlich ist, will in Bewegung bringen, wo Ratlosigkeit und Müdigkeit Menschen in Beschlag nimmt. Der Stern verweist nach vorne, in die Zukunft, lädt ein und fordert heraus, aufzustehen und weiterzugehen. Noch ist das Ziel nicht erreicht, der Gesuchte nicht gefunden. Aber eine Zuversicht macht sich in ihnen breit, eine Freude kommt auf. Das Zeichen, der Stern, bringt schon etwas von dem, was sie dann mit eigenen Augen sehen und erkennen werden und das sie nur staunend anbeten können. Das Zukünftige wirft nicht seine dunklen Schatten, sondern sein helles Licht voraus und erhellt ihre Ängste und ihr Bangen. Manchmal verschwindet das Zeichen hinter Wolken, die sich zwischen Himmel und Erde geschoben haben, so dass sie meinen, das Ganze sei nur eine fromme Einbildung gewesen. Wie gut, dass da keiner allein ist. Und gut, dass der Stern sich wieder zeigt, sie wieder aufatmen können – er geht mit uns.

Stern über Bethlehem, zeig uns den Weg!
Führ uns zur Krippe hin, zeig, wo sie steht!
Leuchte du uns voran, bis wir dort sind.
Stern über Bethlehem, führ uns zum Kind!

Stern über Bethlehem, nun bleibst du steh'n
und lässt uns alle das Wunder hier seh'n,
dass da geschehen, was niemand gedacht,
Stern über Bethlehem, in dieser Nacht.

Stern über Bethlehem, wir sind am Ziel,
denn dieser arme Stall birgt doch so viel!
Du hast uns hergeführt, wir danken dir,
Stern über Bethlehem, wir bleiben hier!

Stern über Bethlehem, kehr'n wir zurück,
steht noch dein heller Schein in uns'rem Blick,
und was uns froh gemacht, teilen wir aus,
Stern über Bethlehem, schein' auch zuhaus!

(Alfred Hans Zoller)

WOLFGANG TRIPP

Es wird keine Nacht mehr geben Drei Kreise füllen das Bild ganz aus: das braune Labyrinth, der Strauß roter Rosen, die blauen Fenster. Die Kreislinien des Weges gehen sogar über den Bildrand hinaus.
Als Betrachtende habe ich kaum Abstand zum Bild – ich habe das Labyrinth eigentlich schon betreten und mit unzähligen Pilgern vor mir den Weg aufgenommen. Er will mich zur Mitte führen, in der ich im Kraftfeld von Ursprung und Vollendung Gewissheit und Bestärkung erfahren kann. Der Weg zu meiner Mitte ist weit. Im Gehen zeigt er sich als ein verschlungener Weg mit unvorhergesehenen Wendungen, Umwegen und langen Durststrecken. Und in der Mitte muss ich umkehren und denselben Weg hinausgehen, zurück in den Alltag – mit neuer Orientierung.
Das Labyrinth gehört zu den ältesten Zeichen der Menschheit. Es ist in vielen Kulturen und Religionen überliefert. Auch in die Kathedrale von Chartres hat dieses Symbol des Lebensweges vor Gottes Angesicht Eingang gefunden. Die Mönche haben es fest in den Steinboden einmauern lassen und führen die Pilger durch das Labyrinth in das Gotteshaus hinein. Die Pilger gehen ihren Weg dabei vor dem Rund der Westrose. Im gleichen Durchmesser wie das Labyrinth auf dem Boden der Kathedrale erhebt sich über dem Westportal die Rosette mit den blauen Glasfenstern. Nur das himmlische Licht

von außen kann den dunklen Weg im Inneren beleuchten – Gottes Licht, das meinem Lebensweg leuchtet.
Überraschend auf dem Bild Sieger Köders ist der dritte Kreis, der das Bild dominiert: der volle Rosenstrauß, der aus der Mitte des Labyrinths herauswächst und gleichsam Himmel und Erde verbindet. Er blüht im Dunkeln der Kathedrale wie das lebendige Versprechen: »Es wird keine Nacht mehr geben ..., denn Gott wird über ihnen leuchten« (Offb 22,5). Mit dem leuchtenden Rot der Liebe weist er auf das Licht Gottes, das jeden Erdenweg anstrahlt.
Zwölf Rosen blühen als Zeichen der Liebe, zwölf Kreise bewegen sich in der Mitte, zwölf Fenster bilden die Lichtrose Gottes, je dreimal vier. Vollkommen sind Erde und Himmel verbunden – so blüht die Antwort der Liebe auf unserem Weg zur Mitte. Als geliebte Söhne und Töchter Gottes können wir unseren Lebensweg – mit allen Wendungen – vor Gottes Angesicht weitergehen: geliebt, im Licht, gesegnet.

Mit allen Sinnen den Weg zur Mitte gehen
das Gewohnte und Selbstverständliche vergessen
innehalten, wahrnehmen
wo ich stehe auf meinem Lebensweg
welcher Wegabschnitt der nächste ist
wie ich mit der Mitte verbunden bin
achtsam sein für das Licht vom Himmel
empfänglich werden für das, was Gott mir offenbart
Gottes Geist aufnehmen und hell werden
mich neu ausrichten
aufrichten
durchatmen
spüren, wie das Herz aufgeht
und mit dem Atem Liebe strömt
im Übermaß, nie endend
Liebe mich erfüllt
vom Kopf bis zu den Füßen

so ausgerichtet und berührt
kann ich weitergehen
geliebt
im Licht
gesegnet

Susanne Herzog

Textnachweis

Seite 25

Rose Ausländer, »Erwartung II«

Aus: dies., Gesammelte Werke in sieben Bänden, Band IV. Wieder ein Tag aus Glut und Wind. © S. Fischer Verlag GmbH, Frankfurt am Main 1986.

Seite 61

Stern über Bethlehem

Text: Alfred Zoller

© Gustav Bosse Verlag, Kassel

Bildnachweis

Seite 10:	Bis der Morgenstern aufgeht
Seite 14:	Johannes der Täufer
Seite 18:	Ein Stern geht auf aus Jakob. Wasseralfinger Altar
Seite 22:	Ein Reis wird hervorgehen aus dem Stumpf Isais
Seite 26:	Vision des Jesaja
Seite 30:	Betlehem-Efrata, aus dir wird einer hervorgehen. Wasseralfinger Altar
Seite 34:	Heimsuchung
Seite 38:	Unterwegs nach Betlehem
Seite 42:	Stammbaum Jesu
Seite 46:	Weihnachten in Greccio (Ausschnitt). Franziskuskapelle im Kinderdorf Ellwangen
Seite 50:	Geburt Jesu. Rosenberger Altar
Seite 54:	Und das Wort ist Fleisch geworden
Seite 58:	Wir haben seinen Stern gesehen
Seite 62:	Labyrinth und Rose

Autorinnen und Autoren

Josef Birk, *Pastoralreferent, Esslingen*

Christiane Bundschuh-Schramm, *Referentin am Institut für Fort- und Weiterbildung der Kirchlichen Dienste der Diözese Rottenburg-Stuttgart, Rottenburg*

Heribert Feifel, *Pfarrer, Stuttgart*

Susanne Herzog, *Pastoralreferentin, Bildungsreferentin im Katholischen Bildungswerk Stuttgart, Esslingen*

Sr. Paulin Link, *Generaloberin, Kloster Reute/Bad Waldsee*

Ulrich Peters, *Vorstand der Schwabenverlag AG, Ostfildern*

Franz-Josef Scholz, *Diakon, Referent beim Caritasverband der Diözese Rottenburg-Stuttgart, Esslingen*

Anton Seeberger, *Pfarrer, Stuttgart*

Wolfgang Tripp, *Caritasdirektor der Diözese Rottenburg-Stuttgart, Stuttgart*

Gertrud Widmann, *Programmleiterin im Schwabenverlag, Ostfildern*

Sieger Köder

Geboren 1925, Studium an der Kunstakademie Stuttgart, 1954 bis 1965 Kunsterzieher in Aalen. Studium der Katholischen Theologie in Tübingen und München. Priesterweihe 1971. Bis 1995 Pfarrer in Hohenberg und Rosenberg. Lebt im Ruhestand in Ellwangen. Zahlreiche Arbeiten im Kirchenraum; Ölbilder, Zeichnungen, Illustrationen.

www.schwabenverlag.de

Gestaltung: Finken & Bumiller, Stuttgart
Umschlagmotiv: Sieger Köder, Bis der Morgenstern aufgeht
Herstellung: Süddeutsche Verlagsgesellschaft, Ulm
Printed in Germany

ISBN 3-7966-1126-5

Hinweis

Von den in diesem Buch gezeigten vierzehn Bildern
ist auch eine Diaserie lieferbar:

Gertrud Widmann (Hrsg.)
Bis der Morgenstern aufgeht
Auf dem Weg durch den Advent
Mit Bildern von Sieger Köder

Diaserie
14 Farbdias
ISBN 3-7966-1127-3